"Verfall" von Georg Trakl

Eine werkimmanente Betrachtung

Dustin Runkel

Bibliografische Information der Deutschen Nationalbibliothek:

Die Deutsche Nationalbibliothek verzeichnet diese Publikation in der Deutschen Nationalbibliografie; detaillierte bibliografische Daten sind im Internet über http://dnb.d-nb.de abrufbar.

ISBN: 9783346277480
Dieses Buch ist auch als E-Book erhältlich.

Druck und Bindung: Books on Demand GmbH, Norderstedt Germany
Gedruckt auf säurefreiem Papier aus verantwortungsvollen Quellen

Das vorliegende Werk wurde sorgfältig erarbeitet. Dennoch übernehmen Autoren und Verlag für die Richtigkeit von Angaben, Hinweisen, Links und Ratschlägen sowie eventuelle Druckfehler keine Haftung.

Das Buch bei GRIN: https://www.grin.com/document/944084

Philipps-Universität Marburg
FB 09 Germanistik und Kunstwissenschaften
    Institut für Neuere deutsche Literatur
SoSe 2016
Seminar: Krankheit, Vernichtung und Tod als Motive der Lyrik vom 18. bis zum 21. Jahrhundert

Georg Trakls „Verfall"

Eine werkimmanente und literaturgeschichtliche Betrachtung

Essay
vorgelegt von
Dustin Runkel

Inhalt

1 Einleitung

„Welch ein Trommelfeuer von bisher ungeahnten Ungeheuerlichkeiten prasselt seit einem Jahrzehnt auf unsere Nerven nieder! [...] Zusammengeballt in zwei Jahrzehnten erlebten wir mehr als zwei Jahrtausende vor uns." (Kurt Pinthus)

In der heutigen Zeit erscheint expressionistische Literatur wahrlich aktueller denn je. So wie der Beginn des 20. Jahrhunderts v. a. von rasanten technologischen und gesellschaftlichen Entwicklungsprozessen begleitet gewesen ist, wirken die Innovationen unserer Zeit ähnlich tiefgreifend. Die Kunst des Expressionismus wird somit zu einem Reflexionsmedium, da die Erfahrungen und Probleme unserer eigenen Lebenswelt doch mit denen der Vergangenheit verglichen werden können: seien es neuartige Verkehrsformen, innovative Kommunikations-, Informations- und Unterhaltungsmedien, sei es die zunehmende Digitalisierung unserer Welt, die teils menschliche Momente vermissen lässt, oder der biologische Eingriff in Genstrukturen. Ebenso ist eine verbindliche Wertewelt innerhalb eines Territoriums im globalisierten Zeitalter nahezu aufgehoben. Auch wenn ein lokaler Wert ohne Impulse von außen natürlich in Redundanz verfallen würde, birgt das (weiter) entfernte Lokalkolorit doch ein verwirrendes Erneuerungspotential. Mit einer Vielfalt an Deuteschemata, Orientierungsrastern, Sinnangeboten und Welterklärungen sind die eigenen Traditionen, Normen und Wertmaßstäbe nicht mehr so unkritisch und unreflektiert annehmbar.

Globalisierung, Technisierung, Umschlag von Wissen, Mobilität, Medienwirklichkeit, Identitätsfindung – all dies (und freilich noch vieles mehr) sind Themen, die uns veranlassen, zu hinterfragen, ob wir mehr eine Risiken- oder eine Chancengesellschaft bilden. Auch Aspekte wie eine mangelnde Kosmisierung in der Welt aufgrund einer anonymen und füreinander belanglos gewordene Menschenmasse wirken noch bis in unser (urbanisiertes) Zeitalter hinein.

In dem vorliegenden Essay soll nun ein für den Frühexpressionismus paradigmatisches Gedicht, Georg Trakls „Verfall", formal-tektonisch, inhaltlich-motivisch, thematisch-intentional und sprachlich-stilistisch analysiert und zunächst werkimmanent interpretiert werden. Anschließend soll das Textverständnis durch die Verwendung werkübergreifender Deutungsmethoden ausdifferenziert werden, indem einige interpretatorische Impulse gesetzt werden.

2 Die Vision eines Untergangs

Eine werkimmanente Interpretation von Georg Trakls „Verfall"

2.1 Die Korrespondenz von Form und Inhalt

In Georg Trakls gedankenlyrischem Text „Verfall", welcher im Jahr 1909 noch unter dem Titel „Herbst" verfasst und im Juli 1913 leicht verändert in seiner Sammlung „Gedichte" erstveröffentlicht worden ist, steht die vergebliche Flucht eines Individuums in dessen Traumwelt im Mittelpunkt. Auf diese Weise hat der Sprecher des Gedichts erfolglos versucht, seinem quälenden Todesbewusstsein und der wiederholten angstvollen Erinnerung an die Vergänglichkeit allen Irdischen in der Realität zu entgehen.

Obschon der Titel andere Leseerwartungen weckt, folgt das Gedicht in Hinblick auf die äußere Tektonik einem festen, strengen Aufbau. Die Gedichtform entspricht nämlich bzgl. Strophenanzahl und -gliederung der eines italienischen Sonetts, in dem auf zwei Quartette stets zwei Terzette folgen. Ferner finden überwiegend der traditionelle italienische Endecasillabo als Versform sowie das von Dante und Petrarca (auch) gewohnte Reimschema a/b/b/a//c/d/d/c//e/f/e//f/e/f in Trakls Werk Verwendung.

Mit der formalen Zäsur zwischen „Oktett" und „Sextett" geht weiterhin auch eine inhaltliche einher: Das Gedicht setzt an einem Herbstabend, bei Einbruch der Dämmerung, ein. Es läuten Glocken und die Sprechinstanz beobachtet den Vogelzug am Himmel. Sie imaginiert darüber hinaus sogar, die Zugvögel auf ihrem Flug in die Weite begleiten zu können. Unterdessen streift das Textsubjekt gedankenverloren in einem dämmervollen Garten umher und vergisst, während es den Vögeln nachträumt, ganz die Zeit.

Plötzlich wird das artikulierende Ich aber in ebendiesem Garten von dem fortschreitenden Verfall seiner Umgebung erschüttert. Dieser offenbart sich ihm zum Beispiel im Laubfall oder in verwitternden Brunnenrändern. Ein eisiger Wind lässt an diesem düsteren Ort sogar der blauen Astern Köpfe hängen.

Während das sprechende Ich folglich in den ersten beiden Strophen noch melancholisch von innerer und äußerer Freiheit sowie einer damit verbundenen Flucht aus der zur Vergänglichkeit geneigten Welt träumt, kann in den letzten beiden Strophen die gedachte resp. vorgestellte psychische Entgrenzung als Betäubung der Todes- und Weltangst nicht (mehr) greifen, da das artikulierende Ich in der realen Welt schließlich von dem es umgebenden Verfall eingeholt wird.

3

2.2 Eskapistische Fluchtversuche – Die Quartette

Unter Zugrundelegung der vorangestellten Inhaltswiedergabe wird auch auf der Metaebene rasch erkennbar, dass Trakls Gedicht insgesamt nicht durch Unbeschwertheit, Frohsinn oder Ausgeglichenheit ausgezeichnet ist, wie in den ersten beiden Strophen augenscheinlich noch der Eindruck erweckt wird. Es lässt sich nämlich bereits schon in der vermeintlich friedlichen Idylle des ersten Quartetts eine Andeutung auf den Tod finden. Der „Abend" (V. 1), von dessen Wahrnehmungen das Textsubjekt berichtet, kann metaphorisch als Lebensabend verstanden und somit für das Sterben gedeutet werden. In diesem Zusammenhang erscheinen die „[Kircheng]locken" (ebd.), die „Frieden läuten" (ebd.), als Ankündigung des „ewigen Friedens", wie es in Segenssprüchen formuliert wird, und folglich des nahenden Todes. Das scheinbar harmonische Bild vom abendlichen Angelusläuten, das nach Arbeitsende zur Einkehr, Besinnung und zum Beten einlädt, ist demnach trügerisch.

Im Folgenden flieht das sprechende Ich daraufhin eskapistisch in eine Traumwelt. In seinen Vorstellungen „[folgt]" (V.2) es „Vögel[n]" (ebd.) in „herbstlich [klare] Weiten" (V. 4). Dies kann als Ausdruck von Fernweh, genauer von der schmerzlichen Sehnsucht nach dem idealisierten warmen und hellen Süden, gesehen werden. So beneidet also das artikulierende Ich die Vögel um deren Möglichkeit, in südlichere Gefilde fliegen zu können, denn mit dem Los der Zugvögel, sich räumlich entgrenzen zu können, verbindet der Sprecher ein Freiheitsgefühl, nach dem er sich sehnt.

Dieser Freiheitsgedanke wird auch sprachlich-stilistisch akzentuiert. Es fallen vor allem das metrisch betonte Lexem „Frieden" (V. 1) sowie die Phrasen „[wundervolle] [Flüge]" (V. 2) und „herbstlich [klare] Weiten" (V. 4) durch eine äußerst positive Konnotation auf. Die Lexik intensiviert somit den Wunsch des sprechenden Ichs nach Freiheit sowie dessen positive Emotionen, insbesondere der umarmende Reim suggeriert in Korrespondenz mit dem ruhigen Rhythmus die Geborgenheit, welche mit (der) Wärme und Helligkeit (des Südens) assoziiert wird. Damit einhergehend drückt auch der nicht zu pathetisch wirkende Elfsilber als steigendes (so Opitz) bzw. klingendes Versmaß das Hochgefühl, die erlebte Wonne und Berauschtheit des sich entgrenzenden Ichs sowie das Höhergleiten der Vögel aus. Assonanzen, z. B. „lang geschart" (V. 3), in Verbindung mit Alliterationen, z. B. „Am Abend" (V. 1) oder „Folg ich der Vögel wundervollen Flügen" (V. 2), wirken hier mit ihren ästhetisch-akustischen Reizen ebenso ergänzend als Harmoniemarker.

In der verwendeten Vogel-Metaphorik findet sich weiterhin aber auch eine religiöse Komponente. Das sprechende Ich vergleicht im Folgenden nämlich den Flug der Vogelschar mit der Wanderung „fromme[r] [Pilgerzüge]" (V. 3) in Richtung eines Wallfahrtsortes. Es scheint dem

Sprecher folglich, als ob die Vögel wie Engel zu Gott fliegen würden. Mit der Farbe der großen Vogelschar verbindet er gedanklich auch Wallfahrer in dunklen Kutten, wodurch das Motiv der Himmelfahrt, also der Reise hinüber ins Totenreich, pointierter herausgestellt wird. Es wird somit zunächst eine Religionsnähe des artikulierenden Ichs erkennbar, die sich darin zeigt, dass es (hoffnungsvoll) auf ein besseres Leben bei Gott bzw. an einem jenseitigen Ort, dem Paradies, zu vertrauen scheint:

> In den beiden Quartetten entwirft der Dichter eine Szenerie abendlichen Friedens […]. Wenn die Glocken ‚Frieden läuten‘ und die davonziehenden Vögel mit einer frommen Pilgerschar verglichen werden, so deutet dies an, daß [sic!] das lyrische Ich sich in doppelter Weise geborgen fühlt: der Geborgenheit in der Natur […] entspricht eine metaphysische Geborgenheit. Das Naturthema verschränkt sich mit einem religiösen. (Kleefeld, 239)

Allerdings gilt bereits hier hervorzuheben, dass das ewige Leben im Himmel und der Wunsch nach Licht und Ferne nur im Traum der Sprechinstanz erfüllt werden kann. De facto wird neben den teils unreinen Reimen, z. B. „läuten" (V. 1) und „Weiten" (V. 4), auch durch die metrische Betonung, die bisweilen nicht kongruent zum natürlichen Sprechrhythmus ist,[1] e. g.: „Hinwandelnd durch den dämmervollen Garten/Träum ich nach ihren helleren Geschicken" (V. 5 f.), dem Nachdruck verliehen, dass es sich nur um einen Wunschtraum und eben nicht um die Realität handelt. Eine Erlösung scheint folglich kaum in Sicht zu sein, denn es offenbart sich in dem verwendeten Bild im Grunde eine nihilistische Negation der jenseitsorientierten Christlichkeitsethik, also eine Verneinung der „ewigen Heimat" „über [den] Wolken" (V. 8). Diesen Gedanken scheint das wehmütige Ich allerdings völlig zu betäuben.

Im zweiten Quartett wird dann antizipativ die düstere, verzweifelte und depressive Stimmung der Terzette deutlicher vorbereitet. Das sprechende Ich wandelt nun, anscheinend allein, an jenem Herbstabend gedankenverloren ohne Hast und Ziel durch einen „dämmervollen Garten" (V. 5). Dadurch wird es vermutlich veranlasst, noch weiter an seinen positiven Träumen und Gedanken festzuhalten, ist die Dämmerung doch gemeinhin mit Angst, Gefahr und Einsamkeit konnotiert, vor allem auch religiöser Art, da schließlich jegliches Licht, durch das (die Herrlichkeit) Gott(es) partiell und metaphorisch in Erscheinung tritt, fehlt. Das artikulierende Ich idealisiert daher noch weiter die Vögel aufgrund ihrer „helleren Geschicke" (V. 6), eine komparative Metapher für deren Möglichkeit, der Dämmerung sowie der herbstlichen Tristheit, im Gegensatz zur Sprechinstanz, entfliehen zu können. Dem Wunsch, den Vögeln dies gleich tun zu können, gibt sich der Sprecher so stark hin, dass er nicht einmal mehr bemerkt, wie rasch die Zeit vergeht: „fühl der Stunden Weiser kaum mehr rücken" (V. 7). Diese durch eine Inversion verstärkte Periphrase umschreibt den empfundenen Zeitstillstand des Textsubjekts sowie

---

[1] An dieser Stelle das Versmaß nur in der Funktion zu sehen, einen bewegten und lockeren Rhythmus zu gestalten, der eine triste Gleichförmigkeit verhindert, ist unzureichend.

dessen Wunsch nach Aufhebung von Raum und Zeit. Wie sehnsüchtig es sich an diesen Traum klammert, unterstreicht in dieser Strophe auch der Gebrauch des umarmenden Reims.

Während das artikulierende Ich nun aber seiner Wunschvorstellung melancholisch nachhängt, scheint tatsächlich langsam seine Zeit auf Erden abzulaufen. Das sprechende Ich sieht sich im Folgenden nämlich ganz wie ein „homo viator" schon einer anderen jenseitigen Welt nahe: „So folg ich über Wolken ihren Fahrten" (V. 8). In diesem Kontext fällt auch die topologische Relation „oben – unten" auf, welche als Oppositio zwischen dem „klaren" (V. 4), weiten Jenseits und dem „dämmervollen" (V. 5), engen Diesseits fungiert.

Summa summarum lässt sich konstatieren, dass die beiden Quartette gleichsam den zwei Terzetten eine Sinneinheit bilden. Die Zäsur und somit der antithetische Aufbau des Sonetts besteht darin, dass von der Traumwelt und so von der Innensicht des homodiegetischen Ichs zur Außensicht auf die Weltwirklichkeit gewechselt wird. Die enge Verknüpfung der düsteren Terzette, als Abgrenzung von den vermeintlich idyllischen Quartetten, wird formal durch den dreifachen Kreuzreim und das strophenüberspringende Enjambement, welches noch emphatischer aufgrund des vorigen Zeilenstils wirkt, hervorgehoben.

2.3 Eine heraufziehende Bedrohung – Die Terzette

In der dritten Strophe, vermutlich bereits schon finstere Nacht, reißt ein „Hauch [...] von Verfall" (V. 9), der im Garten auftritt, das erschrockene Ich urplötzlich aus seinem Zeitstillstand in die Wirklichkeit zurück. Die „volta" des Sonetts wird auch durch eine emphatische Inversion untermalt: „Da macht ein Hauch mich von Verfall erzittern" (ebd.), wodurch noch viel deutlicher wird, dass der Versuch der Weltflucht angesichts des hereinbrechenden Verfalls gescheitert ist. Der indefinite Artikel „ein" impliziert hier, wie unbestimmt, unfassbar und überhaupt nicht erahnbar dieser plötzliche Hauch gewesen ist. Das entsetzte Ich wird im Folgenden auch noch erkennbarer vom handelnden Agens zum leidenden Patiens, der apathisch von den wahrgenommenen Zeichen des Winters, die Vorboten des Todes chiffrierend, berichtet.

In den Terzetten wird bildlich nun ganz vom Hellen ins Dunkle gewechselt, denn der bereits im Titel erwähnte Verfall wird in diesen Strophen zum zentralen Motiv, das sie sogar leitmotivisch durchzieht, wird doch eine Rekurrenz dieses dominanten Sems, rhetorisch betrachtet eine Diaerese, ersichtlich. Ebendieser Verfall wird zu einer durch eine Fülle an Bildern hervorgekehrten Chiffre, welche für die Vergänglichkeit der Welt (Weltzerfall), die Nichtigkeit der Natur und des Menschen, aber auch später für das Scheitern einer metaphysischen Flucht steht.

So wie die äußere Welt dem Sprecher zu verfallen scheint und so wie er von der Wirklichkeit erschüttert wird, löst sich auch die anfangs übersichtliche und kunstvolle Syntax auf, sie wird also gleichsam erschüttert. Hat dieses klar gegliederte, elaborierte Satzgefüge des ersten Quartetts noch den Zeilenstil aufgewiesen, erscheinen nun zu Beginn des Terzetts lediglich asyndetisch gereihte, inkohärente Deklarativsätze, teilweise sogar noch durch Inversionen geprägt, e. g.: „Da macht ein Hauch mich von Verfall erzittern./Die Amsel klagt in den entlaubten Zweigen" (V. 9 f.).

Diese „Amsel" (V. 10), welche „in den entlaubten Zweigen" (ebd.) auch über den Verfall elegisch zu klagen scheint, kann im Gesamtkontext des Gedichts als Identifikationsfigur für die Sprechinstanz gesehen werden, denn die Amsel ist kein Zugvogel und bleibt somit auch in der kalten Jahreszeit und der zerfallenden Welt zurück. Des Weiteren bietet der entlaubte Baum der Amsel weder Schutz noch Geborgenheit und die Abszission konturiert, gleichsam der schwarzen Farbe des Vogels, das Todesmotiv noch schärfer. Adorno hebt darüber hinaus in seinem Werk „Ästhetische Theorie" zur Symbolik der Amsel selbst hervor:

> Schön gilt allen der Gesang der Vögel; kein Fühlender, in dem etwas von [...] Tradition überlebt, der nicht vom Laut einer Amsel nach dem Regen gerührt würde. Dennoch lauert im Gesang der Vögel das Schreckliche, weil er kein Gesang ist, sondern dem Bann gehorcht, der sie befängt. Der Schrecken erscheint noch in der Drohung der Vogelzüge, denen die alte Wahrsagerei anzusehen ist, allemal die von Unheil. (Adorno, 105)

Ferner ist hier die Parallele zwischen dem Klagelied des verlassenen Orpheus' und dem der einsamen, frierenden Amsel signifikant, denn auch dieser wird aufgrund eines schweren Verlusts von grenzenlosem Schmerz durchdrungen.

Im Folgenden beschreibt die Sprechinstanz „rote[n] Wein an rostigen Gittern" (V.11). Dieser kann, neben seiner symbolhaften Bedeutung für Fertilität, als Synekdoche für überreife und nicht abgeerntete Weintrauben (oder deren rotes Laub) verstanden werden.[2] Auch hier wird also die Endlichkeit allen Lebens deutlich und eben keine „weinselige" Stimmung geschaffen, allein da die Farbe Rot auf Blut und somit auf den Tod hindeutet. Das Schwanken „an rostigen Gittern" (ebd.), welche auch eine hermeneutische Codierung für die im Wind wehenden faulen Äste sein könnten, wird auch metrisch akzentuiert. Nur an dieser Stelle schwankt nämlich das Versmaß, denn hier liegt kein fünfhebiger Jambus vor, sondern es dominiert eher ein daktylischer Grundton. Diese Alternation des Metrums unterstreicht in Verbindung mit dem Rost, dass das Eisentor, also etwas von Menschenhand Geschaffenes, nicht mehr lange hält und ebenfalls vergehen wird. Der Mensch und die Welt sind somit dem irdischen Schicksal des Verfalls ausgeliefert, es gibt kein Entrinnen und erst recht keinen Halt oder etwaige Stabilität mehr im

---

[2] Außerdem könnte der „rote Wein" (ebd.) auch als Allusion an das letzte Abendmahl Jesu gesehen werden, denn so wie Jesus gewusst hat, dass er sterben wird, versteht sich auch das Textsubjekt als dem Tode geweiht bzw. als Angehöriger einer Endzeitgeneration. Die Farbe Rot könnte ggf. noch einen weiteren Bibelbezug ermöglichen, da sie mit der Feuermetaphorik und dem apokalyptischen Endkampf (nach der Offenbarung des Johannes im NT) in Verbindung gebracht werden kann.

Leben. Dem verleihen die maroden „[Gitter]" (V. 11) Nachdruck, welche nochmal vergegenwärtigen, dass das sprechende Ich im Gegensatz zur Vogelschar unfrei, gefangen und determiniert ist.

In der dritten Strophe ist weiterhin syntaktisch der Anklang an den Reihungsstil bezeichnend, da die subjektiven Sinneseindrücke des sprechenden Ichs in kurzen Parataxen, die aus eruptiven, prägnanten (und repetitiven) Bildern der Boten des Jahresendes bestehen, inkohärent aneinander gereiht werden, quasi als Mimesis der veränderten, schrittweise zerfallenden Weltwirklichkeit. Diese Sukzession von Bildern mit gleichem Aussagegehalt, eine Amplificatio, akzentuiert einerseits, dass Tod und Verfall allgegenwärtig sind, das auch, neben dem Erzeugen von Unmittelbarkeit, Aufgabe des (Partizip) Präsens ist, auszudrücken; andererseits lassen die einzelnen simultanen Betrachtungen jedweden Sinnzusammenhang vermissen, wodurch die Desorientierung und Ohnmacht des Textsubjekts angesichts der unüberschaubaren Folge an Todesboten demonstriert wird.

In dem das Gedicht beschließenden Terzett steht der „[blasse] Kinder Todesreigen" (V. 12), also der Totentanz, an den die verwelkenden Astern im Wind wehend erinnern, für die Unerbitterlichkeit des Todes, der auch Kinder nicht verschont. Die erwähnten „dunkle[n] Brunnenränder" (V. 13) könnten eine Todesfalle für ebenjene Kinder (gewesen) sein. Der Brunnen als Symbol des Lebens[3] erfährt an dieser Stelle also eine negative Umdeutung, welche v. a. durch die Tatsache intensiviert wird, dass dieser trotz seines festen steinernen Materials „verwitter[t]" (ebd.).

So wie der tiefe Grund eines Brunnens ist für das sprechende Ich aber auch nicht erkennbar, was nach dem Tod folgen wird. Es findet sich lediglich in der Brunnensymbolik ein impliziter Verweis auf eine untere Welt, womöglich die Hölle. An dieser Stelle kommt so erneut subtil die nihilistische Religionsferne zum Tragen, weshalb auch eine Oppositio zwischen den hellen, sonnigen Gefilden des Südens, der in Trakls Gedicht das Jenseits chiffriert, und den dunklen Brunnenrändern an diesem locus terribilis erkennbar wird. Ebenso intensiviert das bekannte literarische Motiv des Totentanzes die heraufziehende Bedrohung durch den nahenden Tod. Nach altbekanntem Volksglauben verlassen zur Mitternacht die Verstorbenen ihre Gräber und führen auf dem Friedhof einen Tanz bzw. Reigen auf. Dabei kündigen die gespenstigen Gestalten den Lebenden ihren baldigen Tod an. Dass es sich hierbei um Kinderleichen handelt, lässt das Motiv noch viel grausiger erscheinen, blühen weder die Kinder noch die Astern mehr.

Das Gedicht wird schließlich durch den Vers: „Im Wind sich fröstelnd blaue Astern neigen"

---

[3] Der Brunnen erlaubt auch in vielfacher Weise einen Bibelbezug (z. B. Genesis oder Jeremia), durch welchen die Negativdeutung des Motivs in „Verfall" noch ersichtlicher wird.

(V. 14) beschlossen. Der „Hauch" (V. 9) des Todes hat sich nun klimatisch zu einem eisigen „Wind" (V. 14) gesteigert. Diese flüchtige Luftbewegung ist (schon seit der Barockzeit) als Metapher für die Vergänglichkeit populär geworden. Selbst „Astern" (V. 14), eigentlich winterfeste Pflanzen, neigen sich aufgrund der bitteren Kälte und scheinen somit einzugehen. Generell dienen Pflanzen (und Blätter) häufig als Symbol der Vergänglichkeit, ist ihre Vitalität und Lebenskraft doch nicht von langer Dauer. Das (Er-)Frieren der Astern wird sogar weiterhin onomatopoetisch veranschaulicht und die Eiseskälte so auf den Leser kommuniziert: „[…] die verwittern,/Im Wind sich fröstelnd […]" (V. 13 f.). In diesem Zusammenhang muss aber auch der Vergleich zwischen den Astern und dem Totentanz Beachtung finden. Die Pflanzen werden hier anthropomorphisiert, denn das Frösteln ist eine menschliche Eigenschaft, die folglich eher den (er)frierenden Kindern zuzuschreiben wäre, welche blau vor Kälte haben sein müssen. So kann die blaue Farbe der Astern primär als Symbol für den Tod, das Hinsiechen und Verfallen gesehen werden. Der Vergleich der eingehenden Astern mit „blasse[n]" (V. 12), sterbenden Kindern, die den gleichen Wert wie Blumen zu haben scheinen, begründet diese Interpretation. Darüber hinaus wird durch die Farbsymbolik auch die gescheiterte Flucht der Sprechinstanz in ihre religiös geprägte Traumwelt deutlich. Die Himmelsfarbe gilt im Römisch-Katholischen als Farbe der Mutter Maria und steht auch im Judentum (cf. Davidstern) vor allem für den Glauben an und die Liebe zu Gott. So wie die Astern eingehen, verliert auch das sprechende Ich immer mehr seine anfängliche Hoffnung auf Gott, steht das Neigen der Astern doch im diametralen Verhältnis zum Aufsteigen der Vogelschar, eine weitere kontrastive topologische Relation. Das Symbol der Farbe Blau für Melancholie und Trauer schwingt hier ebenfalls erkennbar mit, denn die Sehnsucht des schwermütigen Ichs nach transzendenter Rettung oder einer besseren Welt ist letztlich nicht erfüllt worden.

Weiterhin erlaubt es das Motiv der Astern und des Totentanzes, Rückschlüsse über den „dämmervollen Garten" (V. 5) zu ziehen, in dem der Sprecher seine Umgebung als Pein, Qual und Beängstigung erlebt. Da die Aster, die sog. „Allerseelenblume", eine beliebte Friedhofspflanze ist, könnte es sich bei ebendiesem Garten, den das Textsubjekt bei Einbruch der Dämmerung betritt, um einen Friedhof handeln. So würden die folgenden Strophen aus Beschreibungen eines Individuums bestehen, das ohnmächtig zu seinem eigenen Grab taumelt, seinem eigenen Tod entgegengeht.

Syntaktisch unterstreicht insbesondere das komplizierte und wohl gegen jedwede Norm der präskriptiven Grammatik verstoßende Satzgefüge der abschließenden vier Verse erneut die Reihe an offensichtlichen Todesboten: „Es schwankt der rote Wein an rostigen Gittern,//Indes wie blasser Kinder Todesreigen/Um dunkle Brunnenränder, die verwittern,/Im Wind sich fröstelnd blaue Astern neigen" (V. 11-14). Der syntaktische Kontrast zu den wohlgeformten Hypotaxen der einleitenden vier Verse wird inhaltlich noch weiter verschärft, sind nun die positiven optischen und akustischen Sinneseindrücke den gleichzeitig auf das Ich einwirkenden angstvollen Impressionen (Simultantechnik) gewichen. Dieser antithetische Aufbau wird auch lexikalisch durch die Gegenüberstellung oppositioneller Isotopieebenen deutlich. Die positiv konnotierten Lexeme der Quartette, z. B. „wundervoll" (V. 2), „fromm" (V. 3), „klar" (V. 4), „hell" (ebd.), kollidieren in den Terzetten mit einem Vokabular wie „entlaubt" (V. 10), „blass" (V. 12), „dunkel" (V. 13) und „verwittern" (ebd.). Ebenso die hellen Laute sowie die einleitenden Alliterationen und Assonanzen, die das harmonische und sinnliche Klangbild der Quartette bedingt haben, setzen sich nicht so wohlig in den Terzetten fort, gleichwie der ruhige Rhythmus. Dort dominieren primär Dissonanzen, z. B. „roter Wein an rostigen Gittern" (V. 11), bzw. unreine Assonanzen wie „Amsel klagt" (V. 10). Die Sprechinstanz erliegt schließlich in diesen Strophen resigniert der Erkenntnis, dass die Existenz der Welt, der Natur und des Menschen dem Verfall zugeneigt ist, was auch eine göttliche Instanz nicht (mehr) zu verhindern weiß.

In diesem Kontext sollte auch die strenge Form des italienischen Sonetts samt der Endecasillabi Beachtung finden, bringt sie doch die Erfahrungen des Chaos, welches auch der dreifache Kreuzreim unterstreicht, in eine literarisch geordnete Form, die Halt bietet. So ist der bewusste Rückgriff auf die traditionelle Form, die insbesondere bis zum 17. Jahrhundert vertraut gewesen ist, bezeichnend:

> Das […] Kriterium des Umfangs sowie geringe Variationsmöglichkeiten bei der Binnengliederung definieren […] das Sonett […]. […] Auffällig ist von Gryphius bis Brecht, dass die Sonettform immer wieder herangezogen wird, wenn persönliche oder historische Krisen, Umbrüche und Katastrophen zu bewältigen sind. Der ehemalige Expressionist Johannes R. Becher […] geht sogar so weit, das ‚Sonett als Sinnbild der Ordnungsmacht, als Rettung vor dem Chaos' zu feiern. (Vogt, 136-140)

Außerdem wird hiermit der Leser zu einer kritischen Reflexion über die (In-)Suffizienz des traditionellen Kunst- und Ästhetikverständnisses angeregt; das Schöne in der Welt haben die Zugvögel schließlich mitgenommen.

2.4 Konklusion

Unter Zugrundelegung der vorangegangenen werkimmanenten Interpretation von Georg Trakls „Verfall" kann festgehalten werden, dass sich das Gedicht durch eine Gegenüberstellung maximal kontrastierender Grundoppositionen auszeichnet. Die harmonischen Vorstellungen von einer glücklicheren Welt sowie die Hoffnung auf ein besseres Leben im Jenseits halten in Trakls Werk – anders als bei vielen barocken Sonettdichtern (e. g. Gryphius) – der Weltwirklichkeit nicht stand, denn der Untergang der Welt bahnt sich langsam an. Einerseits verfolgt demnach das vorliegende Gedicht eine emotional-expressive Intention, wofür sich die literarische

Textgattung der Lyrik wohl am meisten anbietet. Das artikulierende Ich bringt nämlich seine Todes- und Weltangst zum Ausdruck, die von den Vorboten der Kälte, des Winters und somit des Todes herrühren. Andererseits zeichnet sich der Text aber auch durch einen appellativen Charakter aus, da der (intendierte) Leser zum Nachsinnen angeregt werden soll. Es ist nämlich nicht der an den Winter anschließende Frühling, der Hoffnung und Rettung verspricht, sondern die Tatsache, dass sich der Rezipient der nahenden Bedrohung und Gefahr bewusst wird und zu handeln beginnt.

3 Ausblick

Die Anwendung werkübergreifender Deutungsansätze der Hermeneutik erlaubt es, die im Gedicht artikulierte Todes- und Weltangst vor dem geistesgeschichtlichen als auch vor dem historisch-politischen und gesellschaftlichen Hintergrund vielfältig zu deuten. Trakls Sprechinstanz leidet an den vielen Wirren seiner Zeit, sie weiß nicht, ihrer „neuen Heimat" beizukommen, sodass die Gesamtsituation letztlich in einem Dissoziationsphänomen gipfelt. Dieses resultiert aus den Dekadenzerscheinungen sowie aus den zahlreichen und mächtigen gesellschaftlichen, ökonomischen, politischen, technischen und wissenschaftlichen Veränderungen des frühen 20. Jahrhunderts, denen nicht mehr standgehalten werden kann. Ebenso kann Trakls expressionistisches[4] Gedicht als Reaktion auf den heraufziehenden Krieg verstanden werden, der im düsteren Garten zum abrupten Auftreten des Höllenatems führt.

Die literaturgeschichtliche Methode ist selbstverständlich nur eine Variante der werkübergreifenden Deutungsansätze. Das Gedicht „Verfall" könnte auch vor dem Hintergrund der Autorenbiographie interpretiert werden. Der drogenabhängige Trakl (1887-1914) ist schließlich wohl das mitunter passendste biographische Pendant zur frühexpressionistischen Dissoziation von Ich und Welt: „Schon seit seine[s] Pharmaziestudium[s] ist Trakl an den Drogengenuss

---

[4] An dieser Stelle ist aber auch der epigonale Charakter der Quartette hervorzuheben, da sie den Stil der Romantik imitieren. Trakl setzt dem Erstarren die Vogel-Metaphorik, das In-die-Lüfte-Schwingen entgegen, wodurch er das Gefühl des sprechenden Ichs versinnbildlicht, aus seinem Körper, seinen Begrenzungen, ausbrechen zu wollen. Ebendieses Motiv der eskapistischen Entgrenzung, ebenso das des Wanderns, der (unendlichen) Weite, der Natur, der Religion, der Sehnsucht, des Seelenflugs in eine jenseitige Heimat, das der Farbe Blau und der Nacht wählt auch Trakl, der ein großer Bewunderer Hölderlins und Novalis gewesen ist (cf. Trakls Dedikationen). Allerdings dient die Nacht bei Trakl dazu, eine apokalyptische Weltsicht zum Ausdruck zu bringen und hat wenig mit der romantischen Faszination von einer geheimnisvollen, wunderbaren Tageszeit zu tun, in der Himmel und Erde ineinanderfließen, sich im kunstvollen Rahmen der halben Hildebrandstrophe nahezu wie Uranos und Gäa küssend vereinen. Die vergleichende Betrachtung zu der dem Expressionismus impulsbietenden Romantik lasse ich in Anbetracht des geringen Umfangs dieser Hausarbeit aber weiter unbeachtet. Dieser Aspekt soll der Vollständigkeit halber aber wenigstens hier genannt werden; ferner auch die Interpretation, dass die Quartette genauso eine Kritik am Symbolismus (v. a. an Stefan George) hervorbringen könnten (vgl. Susman 156), da dieser einer Zukunftsfurcht durch die Flucht in eine ästhetische, stilisierte Gegenwelt entgehen will. Etwaige Dichotomien von diversen Strömungen der Moderne bleiben weiter ebenfalls unbeachtet.

gewöhnt gewesen und geriet nun, unfähig einen bürgerlich geregelten Lebensstil zu finden und häufig von Depressionen [und Schuldgefühlen] heimgesucht, in zunehmende Abhängigkeit von Alkohol und Drogen." (Vietta, 271) Intensiviert durch eine „möglicherweise inzestuöse Beziehung zu seiner Schwester" (Strobel, 197) sowie einen Suizidversuch aufgrund schrecklicher Kriegserlebnisse ist der Ich-Zerfall Trakls immer weiter vorangeschritten und schließlich in einer psychischen Erkrankung sowie in einer sein Leben beendenden Überdosis Kokain gemündet (vgl. Vietta, 271). Durch den Krieg ist so tatsächlich über Trakl (und sehr viele weitere junge Dichter) die erwartete Apokalypse hereingebrochen – eine starke Zäsur in der Entwicklung der expressionistischen Kunst.

Ein solcher biographischer Deutungsansatz wird jedoch gemäß der poststrukturalistischen Auffassung „Der Autor ist tot", welche die Rekonstruktion einer intentio auctoris als unbedeutend bis sinnlos erachtet, hier nicht näher betrachtet, obwohl doch gerade die (gescheiterte) Weltflucht der Sprechinstanz in den Quartetten von „Verfall" stark an diverse Ausbruchsversuche Trakls qua Drogen erinnert.

Kleefeld deutet ferner das Werk aus psychoanalytischer Sicht vor dem Hintergrund des Sündenfalls:

> Das Motiv des Verfalls impliziert [...] die Vorstellung eines Sündenfalls; der Garten, der dem lyrischen Ich anfänglich Geborgenheit schenkt, weist auf den Paradiesgarten, dem als Gärtner Gott-Vater zugeordnet ist, während er selbst eine Erscheinungsform von Mutter Natur darstellt. Wie im biblischen Mythos, so hängt auch [hier] [...] die Austreibung aus diesem Paradies zusammen mit dem Auftreten der Sexualität: [...] der kalte [herbstliche] Windhauch, der den Träumer aufschreckt, vertritt symbolisch die Regungen der ‚animalischen Triebe'. (Kleefeld, 275)[39]

Eine solche Betrachtung des Gedichts in puncto Triebverfallenheit bietet sich in der in der Tat sogar an. Es könnte nämlich davon ausgegangen werden, dass die im Gedicht geschilderten Erlebnisse lediglich im Inneren des Sprechers stattfinden, ist das Unterbewusstsein und das Triebhafte doch gerade auch zur Entstehungszeit des Werkes von Freud thematisiert worden. Inhaltliche Brüche im Werk legen einen solche Interpretationsansatz sogar nahe, ist z. B. in der düsteren Nacht doch eine Amsel schwer zu identifizieren oder widersprechen Wolken der Beschreibung eines „herbstlich klaren" (V. 4) Himmels. Demnach könnte sogar angenommen werden, dass die Sprechinstanz niemals die surreale Welt der Quartette verlassen hat.

4 Literatur

Primärliteratur

Pinthus, Kurt: Die Überfülle des Erlebens. In: Silvio Vietta (Hrsg.): Lyrik des Expressionismus. Tübingen 1990.

Trakl, Georg: In: Karl Otto Conrady (Hrsg.): Das große deutsche Gedichtbuch. 2. Auflage. Königstein/Ts. 1978

Sekundärliteratur

Adorno, Theodor W.: Ästhetische Theorie. Frankfurt/M. 1973.

Kleefeld, Gunther: Das Gedicht als Sühne. Georg Trakls Dichtung und Krankheit. Eine psychoanalytische Studie. Tübingen 1985.

Strobel, Jochen: Gedichtanalyse. Eine Einführung. Berlin 2015.

Vietta, Silvio: Entstehungsbedingungen und Strukturmerkmale einer Kunstepoche in Deutschland. In: Dominique Tetzlaff/ Jeanpierre Guindon (Hrsg.): An die Verstummten. Frankfurt/M. 1988.

Vietta, Silvio/ **Kemper**, Hans Georg: Expressionismus. 6. Auflage. München 1997.

Vietta, Silvio (Hrsg.): Lyrik des Expressionismus. Tübingen 1990.

Vogt, Jochen: Einladung zur Literaturwissenschaft. 2. Auflage. München 2001.